AF248267

E DE SAINT-POTHIN

DEUXIÈME RECUEIL

DE

CANTIQUES

P. M. o. p. D.

LYON

IMPRIMERIE PITRAT AINÉ

RUE GENTIL, 4

1874

DEUXIÈME RECUEIL

DE

CANTIQUES

P. M. o. p. D.

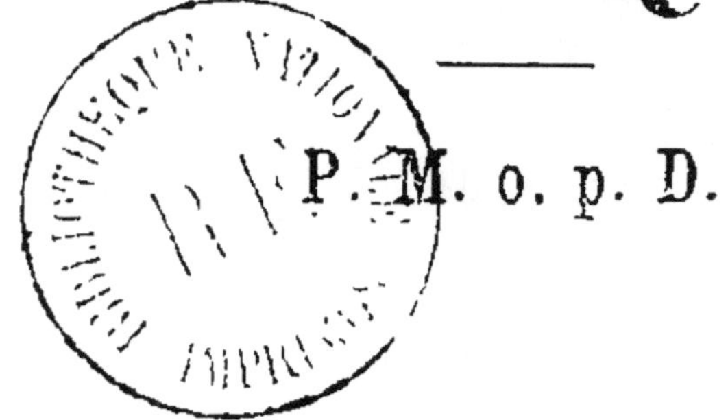

LYON

IMPRIMERIE PITRAT AINÉ

RUE GENTIL. 4

1874

IMPRIMATUR

L. Pagnon, v. g.

Lugduni, die 1ª martii 1874.

Paroisse de Saint-Pothin

DEUXIÈME
RECUEIL DE CANTIQUES

P. M. o. p. D.

CANTIQUES AU SACRÉ CŒUR DE JÉSUS

I

Refr. Dieu de clémence,
  O Dieu vainqueur,
  Sauvez Rome et la France
  Par votre sacré Cœur !

Pitié, mon Dieu ! c'est pour notre patrie
Que nous prions au pied de cet autel.
Les bras liés et la face meurtrie,
Elle a porté ses regards vers le ciel.

Pitié, mon Dieu ! sur un nouveau Calvaire,
Gémit le chef de votre Église en pleurs ;
Glorifiez le successeur de Pierre
Par un triomphe égal à ses douleurs.

Pitié, mon Dieu ! Pour tant d'hommes fragiles,
Vous outrageant, sans savoir ce qu'ils font :
Faites renaître en traits indélébiles,
Le sceau du Christ, imprimé sur leur front !

Pitié, mon Dieu ! quand à votre servante
De votre Cœur vous dévoiliez l'amour,
Vous avez vu la France pénitente
A ce trésor venant puiser un jour.

Pitié, mon Dieu ! si votre main châtie
Un peuple ingrat qui semble la braver,
Elle commande à la mort, à la vie,
Par un miracle elle peut nous sauver.

Et vous, Marie, ô Mère secourable,
Dont nous avons vénéré les douleurs,
Ne cessez pas, pour la France coupable,
Au Cœur divin, de présenter vos pleurs.

Mère d'amour, ô Vierge de Fourvières,
Voyez-nous tous pleurant à vos genoux ;
Calmez l'orage, écoutez nos prières
Priez, priez pour l'Église et pour nous.

II

Refr. Cœur de Jésus sous ta sainte bannière
En ce beau jour nous enrôlons nos cœurs
Nous combattons armés de la prière
Et c'est par toi que nous serons vainqueurs.

O divin Cœur, ô dernière espérance
Qu'un Dieu nous offre après tant de malheurs,
Oui, tu seras le salut de la France
Et ta bonté voudra sécher nos pleurs.

Sauve la France abattue et flétrie ;
De tes bontés n'arrête plus le cours
Relève enfin notre chère Patrie,
Rends-lui sa foi, ses vertus, ses beaux jours.

Au Vatican une illustre victime,
Portant sa croix sur les pas du Sauveur
Pleure et supplie, expiant notre crime
Divin Jésus console enfin son cœur.

Bénis encore, bénis ce tendre Père,
De saint Pothin vénéré successeur,
Divin Jésus, entends notre prière,
Répands sur lui les trésors de ton Cœur.

Reine des cieux, douce Vierge Marie,
Au Cœur sacré daigne offrir nos accents,
Nous lui donnons nos cœurs et notre vie,
Toujours, toujours, nous serons tes enfants.

III

Refr. O Jésus, ô source de vie,
Garde au cœur des Français la foi des anciens jours.
Entends, du haut du Ciel, le cri de la patrie : } *bis.*
   Catholique et Français, toujours !
   Catholique et Français, toujours !

   Rends à notre chère patrie
   La paix, la gloire et le bonheur.
   Tu la vois sanglante et flétrie ;
   Calme ses maux et sa douleur.

Défends la nation française
Contre les efforts des démons ;
De toute influence mauvaise
Delivre-la, nous t'en prions.

La France fut toujours fidèle
A l'Église, au Pontife-Roi.
Elle est à toi, veille sur elle.
Conserve-lui toujours sa foi.

Écarte de nous les tempêtes ;
De tout péché rends-nous vainqueurs.
Répands tes bienfaits sur nos têtes,
Répands-les surtout dans nos cœurs.

IV

Nous vous quittons, bien-aimé sanctuaire,
Mais les trésors de votre souvenir
Seront pour nous la force et la lumière ;
Le sacré Cœur brille sur l'avenir.

Merci, mon Dieu, vous êtes l'espérance.
Et votre cœur ne nous trompa jamais,
Aussi, Français, nous dirons pour la France :
Cœur de Jésus, comblez-la de bienfaits.

La confrérie établie à Saint-Pothin pour honorer le
sacré Cœur de Jésus a pour but spécial d'obtenir du
Cœur de Jésus la prospérité de l'Église, de la France et

de chaque associé. Et, comme moyen d'obtenir ce but :
1° on doit dire chaque jour la petite prière prescrite ;
2° on doit donner chaque année dix centimes, qui sont con-
sacrés à faire célébrer des messes, une par mois à Paray-
le-Monial, une par semaine à Fourvière, une et souvent
trois par jour à Saint-Pothin.

L'amour du Cœur de Jésus, de l'Église et de la patrie,
demande donc que l'on fasse connaître cette bonne œuvre.

AVENT

Refr. Venez, divin Messie,
Sauvez nos jours infortunés ;
Venez, source de vie,
Venez, venez, venez !

Ah ! descendez, hâtez vos pas ;
Sauvez les hommes du trépas :
Secourez-nous ; ne tardez pas :

Ah ! désarmez votre courroux,
Nous soupirons à vos genoux ;
Seigneur, nous n'espérons qu'en vous,

Que nos soupirs soient entendus ;
Les biens que nous avons perdus
Ne nous seront-ils pas rendus ?

Ah ! puissions-nous chanter un jour,
Dans votre bienheureuse cour,
Et votre gloire et votre amour,

NOEL

Noël, Noël, Noël, c'est le cri d'espérance.
Noël, Noël, Noël, c'est le doux chant du ciel.
    Avec amour et confiance
     Chantons, chantons, Noël, Noël.
Noël, Noël, Noël, c'est le cri d'espérance,
Noël, Noël, Noël, c'est le doux chant du ciel.

Anges quittez la céleste patrie,
Votre soleil brille sous d'autres cieux,
Venez, venez, sur la terre ravie
Où resplendit le plus doux de ses feux.

O nuit d'amour, ton sublime mystère
Dérobe au ciel un Dieu, tout son trésor,
Courbez, mortels, vos fronts dans la poussière
Chantez, chantez, anges, chantez encore,

Quoi ! l'Éternel dépose sa puissance !
Le Dieu terrible abaisse sa grandeur,
Il se revêt des charmes de l'enfance,
A son berceau répétons tous en chœur.

PAQUES

Jésus paraît en vainqueur;
   Sa bonté, sa douceur,
Est égale à sa grandeur;
Jésus paraît en vainqueur :

Aujourd'hui donnons-lui notre cœur.
Malgré nos forfaits,
Ses divins bienfaits, ses charmants attraits
Ne nous parlent que de paix.
Pleurons nos forfaits, chantons ses bienfaits,
Rendons-nous à ses charmants attraits.

Chrétiens, joignez vos concerts :
Jésus charge de fers
La mort, fille des enfers.
Chrétiens, joignez vos concerts ;
Que son nom réjouisse les airs !
Juste ciel ! quel choix !
Quoi ! le Roi des rois a dû, par la croix,
Au Ciel acquérir ses droits !
Embrassons la croix ; que ce libre choix
Au ciel assure à jamais nos droits.

Je vois la mort sans effroi :
Mon Seigneur et mon Roi
En a triomphé pour moi.
Je vois la mort sans effroi :
Ce mystère est l'appui de ma foi.
Ah ! si, tour à-tour,
Lâche et sans amour, jusques à ce jour
Je n'ai payé nul retour ;
Du moins dès ce jour, à ce Dieu d'amour
Je veux payer un juste retour.

CANTIQUES DE BÉNÉDICTION

I

Refr. Le voici, l'Agneau si doux,
  Le vrai pain des anges,
  Du Ciel il descend pour nous,
  Adorons-le tous.

  C'est un tendre père,
  C'est le bon pasteur,
  Un ami sincère,
  Notre bon Sauveur.

  Par toi, saint mystère,
  Objet de ma foi,
  Je crois, je révère
  Mon Maître et mon Roi.

  Époux de mon âme,
  Entends mes soupirs ;
  Mon cœur te réclame,
  Remplis mes désirs.

  Le voici, silence !!!
  Oh ! quelle faveur !
  Mon Jésus s'avance...
  Il vient dans mon cœur.

II

  O Roi des Cieux !
Vous nous rendez tous heureux ;

Vous comblez tous nos vœux,
En résidant pour nous dans ces lieux.
Prodige d'amour !
Dans ce séjour ;
Vous vous immolez pour nous chaque jour ;
A l'homme mortel
Vous offrez un aliment éternel. *fin*.

Seigneur, vos enfants
Reconnaissants
Vous offrent les plus tendres sentiments ;
Leurs cœurs, sans retour,
Veulent brûler du feu de votre amour.

III

Que cette voûte retentisse
Des voix et des chants des mortels :
Que tout ici s'anéantisse :
Jésus paraît sur nos autels.

Quoique caché dans ce mystère,
Sous les apparences du pain,
C'est notre Dieu, c'est notre père,
C'est le Sauveur du genre humain.

IV

Mon doux Jésus ! enfin voici le temps
De pardonner à nos cœurs pénitents,

Nous n'offenserons jamais plus
Un père qui nous aime;
Nous n'offenserons jamais plus
Votre bonté suprême,
O doux Jésus !

Puisqu'un pécheur vous a coûté si cher,
Faites-lui grâce, il ne veut plus pécher.
Ah ! ne perdez pas cette fois,
Rédempteur adorable ;
Ah ! ne perdez pas cette fois
La conquête admirable
De votre Croix.

V

Refr.   Oui, Jésus, nous le jurons tous,
Nous n'aimerons jamais que vous ;
Jésus ! Jésus !
Nous n'aimerons jamais que vous.

Courbons nos fronts respectueux :
Sous ces voiles mystérieux
L'amour cache le Roi des cieux.
Unissons nos pieux cantiques
Aux accents des chœurs angéliques :

O Jésus ! monarque éternel,
Puisse, en ce moment solennel,
Notre âme vous servir d'autel !
Que votre divine présence
Nous donne la paix, l'innocence.

CANTIQUES POUR LA COMMUNION

I

Refr. O pain de vie!
O mon Sauveur!
L'âme ravie
Trouve en vous le bonheur.

L'encens divin embaume cet asile :
Quel doux concert! quel chant mélodieux !
Mon cœur se tait, et mon âme est tranquille;
La paix du ciel habite dans ces lieux.

Pour embellir le temple de mon âme,
Le Très-Haut daigne y fixer mon séjour;
Je le possède, il m'inspire, il m'enflamme;
Je l'ai trouvé, je l'aime sans retour.

Je vous adore au-dedans de moi-même;
Je vous contemple, éclairé par la foi :
O Dieu ! mon tout! ô Majesté suprême!
Je ne vis plus, mais Jésus vit en moi.

Que vous rendrai-je, ô Sauveur plein de charmes,
Pour tous les dons que j'ai reçus de vous?
Prenez ce cœur, et recueillez mes larmes,
Double tribut dont vous êtes jaloux.

II

Refr. Ciel! Ciel! ah! quel bonheur!
Oui, c'est Jésus, c'est mon roi, je l'adore,

Ciel ! Ciel ! ah ! quel bonheur !
De son amour, je sens brûler mon cœur.
De son amour,
Brûlons toujours
De son amour.

Qu'ils sont aimés, grand Dieu, tes tabernacles,
Qu'ils sont aimés et chéris de mon cœur !
Là, tu te plais à rendre tes oracles ;
La foi triomphe, et l'amour est vainqueur. *bis*. Ciel ..

Il est à moi ce Dieu si plein de charmes ,
Mon bien-aimé, mon aimable Sauveur :
Échappez-vous de mes yeux, douces larmes,
Coulez, coulez, annoncez mon bonheur. *bis*. Ciel...

Que ce bonheur est grand, incomparable !
Du saint amour je ressens les langueurs.
De ce beau feu, si pur, si désirable.
Ah ! qu'à jamais je goûte les douceurs. *bis*. Ciel...

III

Refr.   J'ai mon âme
Toute de flamme ;
J'ai mon Sauveur
Au milieu de mon cœur.
Grâce, grâce, grâce à l'amour
Qui de mon Dieu triomphe dans ce jour.

Oh ! que je suis heureux !
J'ai trouvé celui que j'aime :
Oh ! que je suis heureux !

Voici le Roi des cieux :
Je le possède en moi-même,
Quoique invisible à mes yeux ;
  Je tiens celui que j'aime,
  Oh ! que je suis heureux !

  Est-il rien de plus doux ?
O mon Dieu, mon Roi, mon Père !
  Est-il rien de plus doux
  Que d'être tout à vous ?
Dans cet aimable mystère,
Où vous êtes tout à tous,
  Je possède mon Père,
  Est-il rien de plus doux ?

  Régnez, ô doux Jésus !
Sur mon cœur et mes puissances ;
  Régnez, ô doux Jésus !
  Je ne résiste plus.
Pardonnez mes négligences :
J'en suis contrit et confus.
  Sur toutes mes puissances
  Régnez, ô doux Jésus !

IV

Refr. Amour, honneur et gloire
  A Jésus, mon Sauveur !
  A lui seul la victoire !
  Qu'il règne dans mon cœur !

Que mon sort a de charmes !
Que mon bonheur est doux !
Délicieuses larmes ,
Coulez, échappez-vous.

Adieu, monde perfide ,
Biens trompeurs, faux plaisirs ;
J'ai le seul bien solide :
Dieu comble mes désirs.

O Jésus ! dans mon âme
Règne seul désormais ;
Que ta divine flamme
Me consume à jamais.

V

Chantons en ce jour
Jésus et sa tendresse extrême,
Chantons en ce jour
Et ses bienfaits et son amour.   *fin.*

Il a daigné lui-même
Descendre dans nos cœurs.
De ce bonheur suprême
Célébrons les douceurs.   Chantons...

O Dieu de grandeur !
Plein de respect, je vous révère,
O Dieu de grandeur !
J'adore dans vous mon Seigneur.   *fin.*

Si ce profond mystère
Vient éprouver ma foi,
C'est l'amour qui m'éclaire,
Et vous découvre en moi. O Dieu...

O Dieu tout-puissant !
Par votre aimable providence,
O Dieu tout-puissant !
Conservez mon cœur innocent. *fin*.

Dès ma plus tendre enfance,
Vous guidâtes mes pas ;
Sauvez mon innocence,
Couronnez mes combats. O Dieu...

VI

Refr. Non, non, je ne crains rien.
Ayant un Dieu pour père,
Marie pour ma mère,
Un ange pour soutien.

Le monde, en vain, par ses biens et ses charmes,
Veut m'engager à vivre sous sa loi ;
Mais, pour me vaincre, il faut bien d'autres armes :
Je ne crains rien, Jésus est avec moi.

Non, non, jamais la mort la plus cruelle
Ne me fera trahir ce divin Roi ;
Jusqu'au trépas je lui serai fidèle ;
Je ne crains rien, Jésus est avec moi.

Divin Jésus, mon unique espérance,
Vous pouvez tout, oui, Seigneur, je le crois :
Mon cœur en vous est plein de confiance,
Je ne crains rien, Jésus est avec moi.

CANTIQUES POUR LE RENOUVELLEMENT
DES VŒUX DU BAPTÊME

I

Refr. S'il le faut, nous saurons souffrir,
Nous saurons souffrir,
Plutôt que d'abjurer la loi du divin Roi,
S'il le faut nous saurons souffrir,
Nous saurons souffrir, nous saurons mourir.

Quand l'eau sainte du Baptême
Coula sur nos fronts naissants,
Et qu'un Dieu, la bonté même,
Nous adopta pour enfants ;
Muets encore,
D'autres promirent pour nous :
Aujourd'hui confessons tous
La foi dont un chrétien s'honore.

En vain à ma foi soumise
S'oppose un orgueil trompeur ;
Sur les traces de l'Église
Puis-je marcher dans l'erreur ?
Trinité sainte,

Je te confesse et te crois,
  Et je t'adore trois fois,
Pénétré d'amour et de crainte.

  Annoncé par mille oracles,
  Et de la terre l'espoir,
  L'Homme-Dieu par ses miracles
  Fait éclater son pouvoir :
      Victime pure,
  Il triomphe du trépas ;
  Et je n'adorerais pas
En lui l'auteur de la nature !

  Que sa morale est divine !
  Que sa parole a d'attrait !
  Tous les cœurs qu'il illumine
  Il les console en secret.
      Et l'on blasphème
  Ce Dieu fait homme pour nous !
  Ingrats, tombez à genoux...
Voyez s'il mérite qu'on l'aime.

  Par un funeste héritage,
  Nos parents avec le jour
  Nous transmirent en partage
  La haine d'un Dieu d'amour.
      J'implore et crie :
  Dieu s'offense de mes pleurs ;
  Mais Jésus a dit : Je meurs ;
Et sa mort me rend à la vie.

  Ciel ! quelle robe éclatante !
  Quel bain pur et bienfaisant !

Quelle parole puissante
D'un Dieu m'a rendu l'enfant !
Je te baptise...
Le ciel s'ouvre, plus d'enfer,
Et des anges le concert
M'introduit au sein de l'Église.

II

Refr. Je m'engage (*ter*) aujourd'hui librement (*bis*).

J'engageai ma promesse au baptême ;
Mais pour moi d'autres firent serment :
Dans ce jour je vais parler moi-même.
Je m'engage aujourd'hui librement.

Je crois donc en un Dieu trois personnes ;
De mon sang je signerais ma foi :
Faible esprit, vainement tu raisonnes ;
Je m'engage à le croire, et je crois.

A la foi de ce premier mystère
Je joindrai la foi d'un Dieu Sauveur ;
Sous les lois de l'Église, ma mère,
Je m'engage et d'esprit et de cœur.

Sur les fonts, dans cette eau salutaire,
Pour enfant Dieu daigna m'adopter :
Si j'en ai souillé le caractère
Je m'engage à le mieux respecter.

Je renonce aux pompes de ce monde,
A la chair, à tous ses vains attraits :

Loin de moi, Satan, esprit immonde !
Je m'engage à te fuir pour jamais.

Faux plaisir, source infâme de vices,
Trop longtemps vous fûtes mon amour ;
Je renonce à vos fausses délices,
Je m'engage à Dieu seul sans retour.

CANTIQUES POUR LES RETRAITES

I

Esprit saint, descendez en nous, *bis*.
Embrasez notre cœur de vos feux les plus doux. *bis*.

Le noir enfer, pour nous livrer la guerre,
Se réunit au monde séducteur :
Tout est pour nous embûche sur la terre ;
Soyez, soyez notre libérateur. *bis*.

Enseignez-nous la divine sagesse :
Seule elle peut nous conduire au bonheur.
Dans ses sentiers soutenez la vieillesse ;
Que la jeunesse y marche avec ardeur. *bis*

II

Qu'ils sont doux tes fruits,
Charmante retraite !

Par toi je jouis
D'une paix parfaite.
Monde, je romps tes liens
Pour goûter de si grands biens.

C'est dans ce saint lieu
Que le ciel m'appelle ;
Pour trouver mon Dieu,
J'y cours avec zèle.
C'est là que mon Rédempteur
Veut s'assurer de mon cœur.

Précieux séjour,
Aimable retraite !
Ici, chaque jour,
Sans être distraite,
Mon âme dans son Sauveur
Trouvera tout son bonheur.

III

Refr. Le Ciel, le Ciel, le Ciel en est le prix !   *bis.*

Le Ciel en est le prix !
Que ces mots sont sublimes !
Des plus belles maximes
C'est là tout le précis.   Le Ciel... *bis.*

Le Ciel en est le prix !
Mon âme, prends courage !
Car si, dans l'esclavage,
Ici-bas tu gémis.   Le Ciel.. *bis.*

Le Ciel en est le prix !
Amusement frivole,
De grand cœur je t'immole
Aux pieds du Crucifix.   Le Ciel... *bis.*

Le Ciel en est le prix !
La loi demande-t-elle
Fût-ce une bagatelle
N'importe, j'obéis.   Le Ciel... *bis.*

Le Ciel en est le prix !
Endurons cette injure :
L'amour-propre en murmure ;
Mais tout bas je me dis :   Le Ciel... *bis*

Le Ciel en est le prix !
Dans l'éternel empire,
Qu'il sera doux de dire :
Tous nos maux sont finis.   Le Ciel... *bis.*

IV

Refr.   Heureux le cœur fidèle
Où règne la ferveur !
On possède avec elle
Tous les dons du Seigneur.   *bis.*

Goûtez, âmes ferventes,
Goûtez votre bonheur ;
Mais demeurez constantes
Dans votre sainte ardeur.

Elle est le vrai partage
Et le sceau des élus ;
Elle est l'appui, le gage,
Et l'âme des vertus.

Par elle la foi vive
S'allume dans les cœurs ;
Et sa lumière active
Guide et règle nos mœurs.

Par elle l'espérance
Ranime nos soupirs,
Et croit jouir d'avance
Des célestes plaisirs.

Par elle dans les âmes
S'accroît, de jour en jour,
L'activité des flammes
Du pur et saint amour.

V

Nous n'avons à faire
Que notre salut ;
C'est là notre but,
C'est là notre unique affaire ;
Nous serons heureux
En cherchant les Cieux.

Notre âme immortelle
Est faite pour Dieu.
La terre est trop peu :

Que d'autres vivent pour elle.
Pour nous, plus heureux,
Nous cherchons les Cieux.

Prends pour toi la terre,
Avare indigent;
Pour l'or et l'argent,
Entreprends procès et guerre;
Pour nous, plus heureux,
Nous cherchons les Cieux.

VI

Reviens, pécheur, à ton Dieu qui t'appelle,
Viens au plutôt te ranger sous sa loi ;
Tu n'as été déjà que trop rebelle ;
Reviens à lui puisqu'il revient à toi.   *bis.*

Voici, Seigneur, cette brebis errante,
Que vous daignez chercher depuis longtemps :
Touché, confus d'une si longue attente,
Sans plus tarder, je reviens, je me rends.   *bis.*

Pour t'attirer, ma voix se fait entendre ;
Sans me lasser, partout je te poursuis ;
D'un Dieu, pour toi, du père le plus tendre,
J'ai les bontés, ingrat, et tu me fuis !   *bis.*

Errant, perdu, je cherchais un asile,
Je m'efforçais de vivre sans effroi;

Hélas! Seigneur, pouvais-je être tranquille,
Si loin de vous, et vous si loin de moi?   *bis.*

Attraits, frayeurs, remords, secret langage,
Qu'ai-je oublié dans mon amour constant ?
Ai-je pour toi dû faire davantage?
Ai-je pour toi dû même faire autant?   *bis.*

Je me repens de ma faute passée ;
Contre le Ciel, contre vous j'ai péché :
Mais oubliez ma conduite insensée,
Et ne voyez en moi qu'un cœur touché.   *bis.*

VII

Hélas !
Quelle douleur
Remplit mon cœur,
Fait couler mes larmes !
Hélas !
Quelle douleur
Remplit mon cœur
De crainte et d'horreur !
Autrefois,
Seigneur, sans alarmes,
De tes lois
Je goûtais les charmes :
Hélas !
Vœux superflus !
Beaux jours perdus,
Vous ne serez plus !

La mort
Déjà me suit,
O triste nuit !
Déjà je succombe :
La mort
Déjà me suit,
Le monde fuit,
Tout s'évanouit.
Je la vois
Entr'ouvrant ma tombe,
Et sa voix
M'appelle, et j'y tombe.
O mort !
Cruelle mort !
Si jeune encor !..
Quel funeste sort !...

Frémis,
Ingrat pécheur ;
Un Dieu vengeur,
D'un regard sévère,
Frémis,
Ingrat pécheur,
Un Dieu vengeur
Va sonder ton cœur.
Malheureux !
Entends son tonnerre,
Si tu peux,
Soutiens sa colère !
Frémis,
Seul aujourd'hui,
Sans nul appui,
Parais devant lui.

Grand Dieu !
Quel jour affreux
Luit à mes yeux !
Quel horrible abîme !
Grand Dieu !
Quel jour affreux
Luit à mes yeux !
Quels lugubres feux !
Oui, l'enfer,
Vengeur de mon crime,
Est ouvert,
Attend sa victime.
Grand Dieu !

Quel avenir !
Pleurer, gémir,
Toujours te haïr !

Beau Ciel !
Je t'ai perdu,
Je t'ai vendu,
Par de vains caprices.
Beau Ciel !
Je t'ai perdu,
Je t'ai vendu ;
Regret superflu !
Loin de toi,
Toutes les délices
Sont pour moi
De nouveaux supplices.
Beau Ciel !
Toi que j'aimais.
Qui me charmais,
Ne te voir jamais !

O vous,
Enfants pieux,
Toujours joyeux
Et pleins d'espérance !
O vous,
Enfants pieux,
Toujours joyeux,
Moi seul malheureux !

J'ai voulu
Sortir de l'enfance :
J'ai perdu
L'aimable innocence.
O vous,
Du Ciel, un jour,
Heureuse cour,
Adieu sans retour !

Non, non,
C'est une erreur :
Dans mon malheur,
Hélas ! je m'oublie.
Non, non.
C'est une erreur :
Dans mon malheur,
Je trouve un Sauveur.
Il m'entend,
Me réconcilie ;
Dans son sang
Je reprends la vie.

Non, non,
Je l'aime encor,
Et le remord
A changé mon sort.

Jésus,
Manne des Cieux,
Pain des heureux,
Mon cœur te réclame ;
Jésus,
Manne des Cieux,
Pain des heureux,
Viens combler mes vœux !
Désormais
Ta divine flamme,
Pour jamais
Embrase mon âme
Jésus,
O mon Sauveur !
Fais de mon cœur
L'éternel bonheur.

VIII

Tout n'est que vanité,
Mensonge, fragilité.
Dans tous ces objets divers
Qu'offre à nos regards l'univers.
Tous ces brillants dehors,
Cette pompe,

Ces biens, ces trésors,
Tout nous trompe,
Tout nous éblouit;
Mais tout nous échappe et s'enfuit.

En vain, pour être heureux,
Le jeune voluptueux
Se plonge dans les douceurs
Qu'offrent les mondains séducteurs :
Plus il suit les plaisirs
Qui l'enchantent,
Et moins ses désirs
Se contentent;
Le bonheur le fuit
A mesure qu'il le poursuit.

Que doivent devenir,
Pour l'homme qui doit mourir,
Ces biens longtemps amassés,
Cet argent, cet or entassés ?
Fût-il du genre humain
Seul le maître,
Pour lui tout enfin
Cesse d'être ;
Au jour de son deuil,
Il n'a plus à lui qu'un cercueil.

Oh ! combien malheureux
Est l'homme présomptueux
Qui, dans ce monde trompeur,
Croit pouvoir trouver le bonheur !

Dieu seul est immortel,
Immuable,
Seul grand, éternel,
Seul aimable ;
Avec son secours,
Soyons à lui pour toujours.

IX

Refr. A la mort, à la mort,
Pécheur, tout finira ;
Le Seigneur, à la mort,
Te jugera.

Il faut mourir, il faut mourir,
De ce monde il nous faut sortir ;
Le triste arrêt en est porté,
Il faut qu'il soit exécuté.

Comme une fleur qui se flétrit,
Ainsi l'homme bientôt périt :
L'affreuse mort vient de ses jours
En un moment trancher le cours.

Adieu, famille ; adieu, parents ;
Adieu, chers amis, chers enfants...
Votre cœur se désolera,
Mais tout enfin vous quittera.

S'il vous fallait subir l'arrêt,
Qui de vous, chrétiens, serait prêt ?

Combien dont le funeste sort
Serait une éternelle mort !

X

Dieu va déployer sa puissance ;
Le temps comme un songe s'enfuit,
Les siècles sont passés, l'éternité commence,
Le monde va rentrer dans l'horreur de la nuit.

J'entends la trompette effrayante ;
Quel bruit ! quels lugubres éclairs !
Le Seigneur a lancé la foudre étincelante,
Et ses feux dévorants embrasent l'univers.

Sortez des tombeaux, ô poussière !
Dépouille des pâles humains,
Le Seigneur vous appelle, il vous rend la lumière,
Il va sonder les cœurs et fixer vos destins.

Il vient : tout est dans le silence ;
Sa croix porte au loin la terreur :
Le pécheur, consterné, frémit à sa présence,
Et le juste lui-même est saisi de frayeur.

Grand Dieu ! qui sera la victime
De ton implacable fureur ?
Quel noir pressentiment me tourmente et m'opprime !
La crainte et le remords me déchirent le cœur.

De tes jugements, Dieu sévère,
Pourrai-je subir les rigueurs ?
J'ai péché, mais ton sang désarme ta colère ;
J'ai péché, mais mon crime est éteint par mes pleurs.

XI

Refr. Pardon ! mon Dieu, pardon !
N'es-tu pas un Dieu bon ?

Mon Dieu ! mon cœur, touché
D'avoir péché,
Demande grâce :
Joins à tous tes bienfaits
L'oubli de mes forfaits.
Pourrais-je plus longtemps vivre dans ta disgrâce !

Hélas ! j'allais périr,
Sans recourir
A ta clémence ;
J'allais traîner mes fers
Dans le fond des enfers ;
Et porter à jamais le poids de ta vengeance.

Je tombe à tes genoux :
Suspends tes coups,
O Dieu terrible !
Ton fils est mort pour moi,
Il s'offre encore à toi :
A la voix de son sang ne sois pas insensible.

XII

Vive Jésus ! c'est le cri qui m'enflamme ;
Et qui m'anime à toutes les vertus ;

Jamais en vain mon cœur ne le réclame ;
Par lui toujours mes pas sont soutenus.
       Vive Jésus !

Vive Jésus ! c'est un cri d'espérance
Pour le pécheur repentant et confus :
A ce doux nom Dieu n'est plus que clémence !
A ce doux nom nos droits nous sont rendus.
       Vive Jésus !

Vive Jésus ! que ce nom a de charmes !
A le bénir les Cieux sont assidus ;
Il nous console en ce séjour de larmes ;
Dans l'enfer seul on ne répète plus :
       Vive Jésus !

Vive Jésus ! nom cher à ma mémoire,
Puissé-je voir tes ennemis vaincus !
Puissé-je vivre et mourir pour ta gloire !
Puissé-je aux Cieux dire avec les élus :
       Vive Jésus !

XIII

Refr.   Armons-nous, la voix du Seigneur,
       Chrétiens, au combat nous appelle.
       Ah ! voyez, voyez qu'elle est belle,
       La palme promise au vainqueur !
       Elle est si noble, elle est si belle,   } *bis.*
       La palme promise au vainqueur !

       Du démon la voix menaçante
       Rugit sans cesse autour de nous :

Le chrétien méprise ses coups,
Il rit de sa rage impuissante.

Que craignez-vous? Jésus vous guide,
Rangez-vous sous son étendard.
Que l'ennemi lance son dard,
Vous avez l'invincible égide.

Courage, milice chérie !
Courage jusques à la mort !
Courage ! vous touchez au port ;
Bientôt vous verrez la patrie.

XIV

Refr. Bravons les enfers,
Brisons tous nos fers,
Sortons de l'esclavage ;
Unissons nos voix,
Rendons à la Croix
Un sincère et public hommage.

Jurons haine au respect humain,
Brisons cette idole fragile ;
Sous ses débris que notre main
Élève un trône à l'Évangile !   Bravons...

Tout chrétien doit être un soldat,
Rempli d'ardeur, né pour la gloire :
Quand son chef le mène au combat,
Tremblant, il fuirait la victoire !   Bravons...

Seigneur, ton camp sera le mien,
Tant qu'il coulera dans mes veines
Quelques gouttes du sang chrétien,
Monde, tes menaces sont vaines.　　Bravons...

O divin Roi, jusqu'au trépas,
Mon cœur te restera fidèle;
Puisse la Croix, guidant mes pas,
Me voir vivre et mourir pour elle!　　Bravons...

XV

Refr. Chrétiens, chantons à haute voix,
　　　Vive Jésus, vive sa croix!　　} *bis*.

Vive Jésus, vive sa croix !
N'est-il pas bien juste qu'on l'aime,
Puisqu'en expirant sur ce bois,
Il nous aima plus que lui-même?　　Chrétiens...

Vive Jésus, vive sa croix!
Ce n'est pas le bois que j'adore,
Mais c'est mon Sauveur sur ce bois
Que je révère et que j'implore.　　Chrétiens...

Vive Jésus, vive sa croix!
Prenons-la pour notre partage;
Ce juste, cet aimable choix
Conduit au céleste héritage.　　Chrétiens...

CANTIQUES A LA SAINTE VIERGE

Tous les dimanches soir, dans l'église de Saint-Pothin, il y a un exercice public en l'honneur du saint rosaire ; voici l'ordre qu'on y suit : 1° chant d'un cantique ; 2° recommandation des malades, etc.; 3° récitation du saint rosaire et chant des mystères ; 4° cantique : *Esprit-Saint...*; 5° catéchisme de persévérance ; 6° chant d'une consécration; 7° *Tantum ergo ;* 8° bénédiction ; 9° cantiques à la sainte Vierge.

Les chants, toujours à l'unisson, sont exécutés par les jeunes filles qui suivent les dimanches la classe d'adultes dirigée par les Enfants de Marie de Saint-Pothin ; mais on engage toute les personnes présentes à chanter avec elles.

I

CANTIQUES POUR LE ROSAIRE

PREMIER MYSTÈRE JOYEUX

L'Incarnation de Notre-Seigneur.

Prêtez l'oreille, ô Marie,
A l'envoyé du Seigneur :
Le Très-Haut vous a choisie
Pour Mère du Rédempteur ;
Vous êtes Vierge féconde,
Et votre sein bienheureux
Porte le Sauveur du monde
Dans cet enfant merveilleux.

DEUXIÈME MYSTÈRE JOYEUX

La Visitation de la sainte Vierge.

Par le Saint-Esprit guidée
Vierge sainte, où marchez-vous?
Montagnes de la Judée,
Rendez vos sentiers plus doux.
La mère de Jean publie
Les merveilles du Seigneur
Et révère dans Marie
La Mère de son Sauveur.

TROISIÈME MYSTÈRE JOYEUX

La Naissance de Notre-Seigneur.

Quoi! celui qui vient de naître
Est le Fils de l'Éternel!
L'étable reçoit mon Maître,
La crèche, le Dieu du ciel :
Le Roi des rois de la terre
N'est plus qu'un enfant d'un jour,
Il fait des bras de sa Mère
Le trône de son amour.

QUATRIÈME MYSTÈRE JOYEUX

La Présentation de Notre-Seigneur.

Vierge mère, dans le temple
Vous présentez votre Fils ;
Un saint vieillard le contemple,

Et ses vœux sont accomplis.
Ah ! puisque le ciel demande
Que l'on immole Jésus,
Unissons à cette offrande
Une victime de plus.

CINQUIÈME MYSTÈRE JOYEUX

Jésus retrouvé dans le temple.

Ma Mère, quelle allégresse,
Lorsqu'après l'avoir perdu,
L'objet de votre tendresse,
Votre Fils, vous est rendu !
Oh ! coupable indifférence,
Je l'ai perdu sans douleur !
Désormais que sa présence
Soit ma vie et mon bonheur !

PREMIER MYSTÈRE DOULOUREUX

L'Agonie de Jésus-Christ au jardin des Olives.

AIR : Au sang qu'un Dieu va répandre.

Dans ce jardin de tristesse,
Le Tout-Puissant, le Dieu fort,
Se réduit à la faiblesse,
Aux angoisses de la mort ;
Son sang coule en abondance
Et m'apprend que le pécheur
Provoque par son offense
Cette sanglante sueur.

DEUXIÈME MYSTÈRE DOULOUREUX

La Flagellation de Notre-Seigneur.

Le sang de Jésus ruisselle
Sous les verges des bourreaux,
Il rougit leur main cruelle,
Et sa chair tombe en lambeaux.
Ah ! quelle affreuse torture
Pour vous, Mère de douleur !
Chacun des coups qu'il endure
Retentit dans votre cœur.

TROISIÈME MYSTÈRE DOULOUREUX

Le Couronnement d'épines.

Cette épine qu'on prépare
Outrage et blesse à la fois ;
Tu la mets, soldat barbare,
Sur le front du Roi des rois.
Faudra-t-il donc, ô Marie,
Que Jésus vous soit montré
Couronné d'ignomonie,
Sanglant et défiguré !

QUATRIÈME MYSTÈRE DOULOUREUX

Jésus chargé de sa croix.

Contemplez, âme fidèle,
Jésus chargé de sa croix !
A chaque pas il chancelle,

Ou succombe sous le poids.
Mais que vois-je? c'est sa mère
Qui le suit en gémissant,
Et marche vers le Calvaire,
Sur les traces de son sang.

CINQUIÈME MYSTÈRE DOULOUREUX

Jésus meurt sur la croix.

Après le plus long supplice,
Il succombe de douleurs;
Témoins de son sacrifice,
A son sang mêlons nos pleurs
Si notre âme est attendrie,
En voyant Jésus mourir,
Prions aujourd'hui Marie
De nous apprendre à souffrir.

PREMIER MYSTÈRE GLORIEUX

La Résurrection de Notre-Seigneur.

AIR : Unis au concert des Anges...

Chantons l'hymne de victoire :
Jésus est ressuscité;
Il fait briller de sa gloire
Le tombeau qu'il a quitté.
Tendre mère, plus d'alarmes;
Le ciel vient d'être conquis;
La main qui sèche vos larmes
Est celle de votre Fils.

DEUXIÈME MYSTÈRE GLORIEUX

L'Ascension de Notre-Seigneur.

Vers la demeure éternelle
S'élève mon divin Roi.
Guidant la troupe immortelle
Des saints de l'ancienne loi.
O Marie, à ses Apôtres
Il vous laisse pour un temps ;
Sur ses traces, sur les vôtres
Guidez nos pas chancelants.

TROISIÈME MYSTÈRE GLORIEUX

La Descente du Saint-Esprit sur les Apôtres.

Quel est ce nouveau miracle ?
Voyez ces langues de feu !
Tout est plein dans le cénacle
De la majesté d'un Dieu.
Descendez, Esprit de flamme ;
Vierge sainte, obtenez nous .
Qu'il habite dans notre âme,
Comme il habita dans vous.

QUATRIÈME MYSTÈRE GLORIEUX

L'Assomption de la sainte Vierge.

Triomphez, Reine des anges,
Le ciel s'ouvre à vos vertus ;
Tout célèbre les louanges
De la Mère des élus.

L'Auguste Fils de Marie
Dans les divines clartés
Reçoit sa mère chéric,
Et la place à ses côtés.

CINQUIÈME MYSTÈRE GLORIEUX

Marie couronnée dans le ciel.

Ah! ceignez le diadème,
Reine du divin séjour;
Sur votre front Dieu lui-même
Le dépose avec amour;
Mais montrez-vous notre mère
Pendant ces jours orageux,
Protégez-nous sur la terre,
Recevez-nous dans les Cieux.

———

CONSÉCRATION

Reine aimable du Rosaire,
Je suis à vous pour toujours;
Je vous choisis pour ma mère,
Ma patronne et mon secours.
Daignez porter nos prières
Jusqu'au trône de Jésus.
J'ai médité vos mystères;
Que j'imite vos vertus!

Cœur sacré de Jésus, priez pour nous.
Notre-Dame de Fourvière, priez pour nous.
Notre-Dame du Saint-Rosaire, priez pour nous.
Saint Pothin, priez pour nous.

II

Refr. Divine Marie,
  J'ai l'espoir,
  Au Ciel ma patrie,
  De vous voir.
Espoir (*ter*) aux enfants (*bis*) de Marie,
On ne saurait périr quand on veut la servir.

Je vous salue, auguste et sainte Reine,
Dont la beauté ravit les immortels ;
Mère de grâce, aimable Souveraine,
Je me prosterne au pied de vos autels.

Je vous salue, ô divine Marie !
Vous méritez l'hommage de nos cœurs ;
Après Jésus, vous êtes et la vie,
Et le refuge et l'espoir des pécheurs.

Fils malheureux d'une coupable mère,
Bannis du Ciel, les yeux baignés de pleurs,
Nous vous faisons, de ce lieu de misère,
Par nos soupirs entendre nos douleurs.

Écoutez-nous, puissante Protectrice,
Tournez sur nous vos yeux compatissants ;
Et montrez-nous qu'à nos malheurs propice,
Du haut des Cieux vous aimez vos enfants.

III

Refr.   De Marie
             Qu'on publie
Et la gloire et les grandeurs :
             Qu'on l'honore,
             Qu'on l'implore,
Qu'elle règne sur nos cœurs.

Unis aux concerts des Anges,
Aimable Reine des Cieux,
Nous célébrons tes louanges
Par nos chants mélodieux.   De Marie...,

Auprès d'elle la nature
Est sans grâce et sans beauté ;
Les cieux perdent leur parure,
L'astre du jour, sa clarté.   De Marie .

C'est le lis de la vallée,
Dont le parfum précieux,
Sur la terre désolée
Attira le Roi des Cieux.   De Marie...

Oui, je veux, ô tendre Mère,
Jusqu'à mon dernier soupir
T'aimer, te servir, te plaire,
Et pour toi vivre et mourir.   De Marie...

IV

Refr. Oui, nous l'avons juré, nous sommes ses enfants,
Nous faisons de nos cœurs le don le plus sincère ;
Que la terre et les Cieux redisent nos serments :
Guerre au monde, à Satan (*bis*), amour (*bis*) à Notre
[Mère ! bis.

Jour mille fois heureux, offrande salutaire,
C'en est donc fait, Marie a reçu nos serments ;
De la Mère de Dieu nous sommes les enfants :
Honneur, respect, amour à notre tendre Mère.

De puissants ennemis nous déclarent la guerre,
Je sens mon cœur frémir à l'aspect des combats :
Soutiens-nous, ô Marie, à nos débiles bras
Daigne ajouter l'appui de ton bras tutélaire.

Si, pour nous enchaîner, des faux biens de la vie
Le monde offre à nos yeux les attraits imposteurs,
Disons-lui, repoussant ses funestes douceurs :
Mon cœur n'est plus à moi, mon cœur est à Marie.

V

Refr. Et quand ma dernière heure
Viendra fixer mon sort,
Obtenez que je meure
De la plus sainte mort.

Je mets ma confiance,
Vierge, en votre secours ;
Servez-moi de défense ;
Prenez soin de mes jours !   Et quand...

Sainte Vierge Marie,
Asile des pécheurs,
Prenez part, je vous prie,
A mes justes frayeurs.   Et quand...

Mère pleine de zèle,
Protégez votre enfant ;
Je vous serai fidèle
Jusqu'au dernier instant.   Et quand...

VI

Refr. C'est le nom de Marie,
Q'on célèbre en ce jour.
O famille chérie,
Chantez ce nom d'amour !

C'est le nom d'une mère,
Chantez, heureux enfants ;
Unissez pour lui plaire
Et vos cœurs et vos chants.   C'est ..

C'est un nom de puissance,
Un nom plein de douceur,
Mais toujours sa clémence
Surpasse sa grandeur.   C'est...

C'est un nom d'espérance
Au pécheur repentant ;
Un gage d'innocence
Au cœur juste et fervent.   C'est...

Que le nom de ma Mère,
Au dernier de nos jours,
Soit toute ma prière
Qu'il soit tout mon secours.   C'est...

VII

Refr. C'est le mois de Marie,
C'est le mois le plus beau,
A la Vierge chérie
Disons un chant nouveau.

Ornons le sanctuaire
De nos plus belles fleurs ;
Offrons à notre Mère
Et nos chants et nos cœurs.

De la saison nouvelle
On vante les bienfaits :
Marie est bien plus belle,
Plus doux sont ses attraits.

O Vierge, viens toi-même,
Viens semer dans nos cœurs
Les vertus dont l'emblème
Se découvre en ces fleurs.

Fais que dans la patrie
Nous chantions à jamais,
O divine Marie !
Ton nom et tes bienfaits.

VIII

Refr. Réveillons les échos du coteau de Fourvière.
O martyrs de Lyon, tressaillez de bonheur !
Nous élevons à notre Mère
Un nouveau monument d'honneur.

Réveillons les échos du coteau de Fourvière.
O martyrs de Lyon, tressaillez de bonheur !

Dans les revers que subit la patrie,
Dans tous les maux qui déchiraient nos cœurs,
Chacun de nous à la Mère chérie
Vint confier ses sanglantes douleurs.

Elle entendit notre ardente prière ;
De sa colline, elle jeta les yeux
Sur notre ville, et sur la France entière
Qui s'est vouée à la Reine des Cieux.

Un cri d'amour et de reconnaissance
Vers vous s'élève, ô Mère du Sauveur !
Est-il bienfait que Lyon, que la France
N'aient recueilli de votre aimable cœur ?

Mais c'est trop peu de retracer encore,
Mère de Dieu, vos immenses bienfaits ;
Ce peuple ici de nouveau les implore,
Comme chrétien, lyonnais et français !

IX

Refr. Ave, ave, ave Maria.
Ave, ave, ave Maria.

Les Saints et les Anges,
En chœurs glorieux,
Chantent vos louanges,
O Reine des Cieux !

O Vierge Marie,
A ce nom si doux,
Mon âme ravie,
Chante à vos genoux.

Soyez le refuge
Des pauvres pécheurs,
O Mère du Juge
Qui sonde les cœurs.

X

Refr. Au Ciel ! Au Ciel !
Nous la verrons un jour,
Au Ciel ! Au Ciel !
Nous l'aimerons toujours.

A toi tout mon amour !
Sainte Vierge Marie ;
Obtiens-moi, je t'en prie
Place au divin séjour.

A toi tout mon amour !
Mes chants et ma prière,

Vers toi de cette terre,
Monteront tour à tour.

A toi tout mon amour !
Ici-bas je soupire ;
Quant pourrai-je te dire
.Dans l'immortel séjour :

XI

Refr. Bénissons en ce jour
La Mère du Dieu d'amour.

Portez-la sur vos ailes,
O brûlants Séraphins !
Trônes et Chérubins
Soyez-lui tous fidèles.

Sur un trône de gloire
Je la vois dans les Cieux ;
Que vos accents pieux
Exaltent sa mémoire !

Que la tendre Marie
Règne sur l'univers ;
Elle a brisé nos fers
Et nous avons la vie.

XII

Refr. Souvenez-vous, ô tendre Mère,
Qu'on n'eut jamais recours à vous
Sans voir exaucer sa prière,
Et dans ce jour exaucez-nous. *bis*.

Des siècles reculés j'interroge l'histoire,
Pour dire ses bienfaits ils n'ont tous qu'une voix.
Verrais-je en un seul jour s'obscurcir tant de gloire?
L'invoquerai-je en vain pour la première fois ?

Marie aux vœux de tous prêta toujours l'oreille,
Le juste est son enfant et peut tout sur son cœur ;
Mais auprès du pécheur jour et nuit elle veille,
Il est son fils aussi, l'enfant de sa douleur.

Et moi, de mes péchés traînant la longue chaîne,
Vierge sainte, à vos pieds j'implore mon pardon :
Me voici tout tremblant, et je n'ose qu'à peine
Lever les yeux vers vous, prononcer votre nom.

Mais quoi ! je sens mon cœur s'ouvrir à l'espérance
Il retrouve la paix, il palpite d'amour ;
Je n'ai pas vainement imploré sa clémence,
La Mère de Jésus est ma Mère en ce jour.

XIII

Refr. Laisse-moi quitter cette terre,
    Je veux m'en aller avec toi ;
    Je veux te suivre, ô ma mère, } *bis*
      Marie, emmène-moi.

    Oh ! quelle gloire t'environne
    Au brillant séjour des élus !
    Oh ! qu'elle brille, ta couronne !
    C'est la couronne des vertus.

Loin de toi, loin de ma patrie,
Je me consume en vains désirs ;
O ma Mère, ô tendre Marie,
Entends la voix de mes soupirs.

Du sein de la gloire éternelle,
Si tu protéges ton enfant,
Vers ton trône, ô reine immortelle ,
Il s'élancera triomphant.

XIV

Refr. O Vierge, ma patronne,
Viens à notre secours.
Marie, toujours si bonne,
Oh ! garde-nous toujours.　　　*bis.*

Nous te prenons pour mère :
Prends-nous pour tes enfants.
De ta main tutélaire,
Guide nos pas tremblants.　　　*bis.*

Donne-nous la victoire ;
Enfants reconnaissants,
Nous chanterons ta gloire
Jusqu'à nos derniers ans.　　　*bis.*

XV

O Marie,
Sois toujours,
Je te prie,
Mon secours.　　　*bis.*

Blanche étoile,
Oh! viens, luis,
Sur le voile
De mes nuits.   *bis.*

Viens encore
Aujourd'hui.
Que j'implore
Ton appui.   *bis.*

XVI

Refr. Viens dans mes doigts, ô mon rosaire !
   Réponds à mes désirs pieux ;
   Marie, écoute ma prière,
   En souriant du haut des Cieux.

J'aime à te dire, ô ma bonne prière !
Si douce au cœur, si simple pour l'esprit.
A tout instant je reprends mon rosaire
Pour dire encor ce que cent fois j'ai dit :

Tous ont chéri cette sainte prière
L'âme pieuse et le pauvre pécheur.
Aux mains des rois on a vu le rosaire,
Comme on le trouve aux doigts du serviteur.

Avec bonté la Vierge me regarde,
En m'endormant, si je la nomme encor.
Rosaire aimé, sois donc ma sauvegarde
Pendant ma vie, à l'heure de ma mort.

XVII

Refr. Ave Maria,
Car voici l'heure sainte ;
  La cloche tinte ,
  Ave Maria.

Au ciel, tous les anges,
En chœurs glorieux,
Chantent vos louanges,
O Reine des cieux !

Laissez, ô Marie !
La voix d'un enfant,

La cloche qui prie,
S'unir en leur chant.

Dans ce doux hommage
Trois fois chaque jour,
Recevez le gage
De mon pur amour.

Anges si fidèles,
Si pleins de ferveur ;
Sur vos blanches ailes,
Portez-lui mon cœur.

XVIII

Refr. Ave Maria ,
Car vous êtes ma Mère ,
    Ma bonne Mère,
    Ave Maria.

Je vous donne, ô Mère,
La naissante fleur
D'un nouveau parterre :
L'amour de mon cœur.

Vous aimer, vous plaire,
Sera mon bonheur ;

Ma bien tendre Mère,
Régnez sur mon cœur.

Gardez en mon âme
Le lis éclatant,
Et la pure flamme
D'un amour ardent.

Veillez sur ma vie,
Doux et frêle espoir ;
Je vous la confie
Jusqu'au dernier soir.

XIX

Toujours, Reine des cieux, oui, toujours à nos cœurs
Ta bannière,
Sera chère,
Et, sa douce lumière
Guidant nos pas vainqueurs,
Notre vie,
O Marie,
Méritera ton amour, tes faveurs.

Faibles mortels, que l'espérance
Calme nos peines, nos douleurs
Le ciel sur nous, dans sa clémence,
Verse de nouvelles faveurs ;
D'un nom chéri la douce gloire
Vient d'apparaître à l'univers :
Marie a vaincu les enfers,
Et nous la proclamons Reine de la Victoire.

C'est vainement, Vierge Marie,
Que l'enfer frémit contre nous !
Tes enfants bravent sa furie,
Et méprisent son noir courroux :
Sur tes pas ils verront la gloire
Toujours couronner leurs efforts ;
Toujours cédant à leurs transports,
Leurs cœurs te béniront, Reine de la Victoire.

Saint étendard de notre mère,
Nous en faisons le doux serment,

Nous te suivrons dans la carrière,
Unis jusqu'au dernier moment :
Et quand viendra le jour de gloire,
Marie entendra les vainqueurs,
Autour de toi formant leurs chœurs,
La proclamer encor Reine de la Victoire.

XX

Refr. Divine Marie,
    J'ai l'espoir
   Au ciel, ma patrie,
    De te voir.

Je la verrai, cette mère chérie,
Ce doux espoir fait palpiter mon cœur.
Elle est si bonne et si tendre, Marie ;
Un seul regard ferait tout mon bonheur.

Je vais, cherchant son image fidèle ;
Mais nulle part je ne suis satisfait.
Ah ! dans mon cœur ma mère est bien plus belle,
Et ce tableau lui-même est imparfait.

Combien encor durera son absence ?
A chaque fête elle vient en ce lieu ;
Mais sans la voir je suis en sa présence,
Et ce jour fuit ! Adieu, ma mère, adieu !

XXI

Refr. Le ciel est ma patrie ;
Je suis du peuple des élus,
Mon frère s'appelle Jésus,
Et ma mère Marie.

Quoi ! le nom de Marie est le nom de ta mère ?
Jeune enfant, c'est au ciel que tu reçus le jour ?
A quel titre oses-tu nommer Jésus ton frère ?
Qui t'inspire ce chant d'espérance et d'amour ?

Oui, Jésus est mon frère ; en une étable obscure,
Pauvre, ignoré, souffrant, il naquit autrefois ;
Le fils de l'Éternel, revêtant ma nature,
M'adopta pour son frère et me transmit ses droits.

Avant de consommer son douloureux mystère,
Jésus voulut me faire un don digne de lui ;
N'ayant plus d'autre bien, il me donna sa mère :
Voilà, voilà pourquoi je répète aujourd'hui :

Ah ! quand viendra le jour où loin de cette terre
Moi vers le ciel aussi je prendrai mon essor !
Jour heureux, hâte-toi ; viens m'unir à ma mère !
Viens m'unir à Jésus, et qu'auprès d'eux encor
Je chante en ma patrie, etc.

XXII

Refr. O mère chérie,
Place-moi
Un jour dans ta patrie
Près de toi.

Je suis aimé de toi, mère chérie ;
Ce doux penser fait palpiter mon cœur ;
C'est un parfum qui réjouit ma vie,
Et dans l'exil me donne le bonheur !

Quand viendra-t-il ce jour, mère chérie,
Où je pourrai reposer sur ton cœur ?
Je veux du moins, ô divine Marie,
Chanter ton nom pour calmer ma douleur.

Ce nom si doux pour un enfant qui prie,
Je le redis mille fois chaque jour ;
Et je le sens, ô divine Marie,
Ton œil sur moi repose avec amour.

XXIII

Cœur sacré de Marie,
Cœur tout brûlant d'amour,
Cœur que la terre envie
Au céleste séjour ;
Communique à nos âmes
Un rayon de ce feu,
De ces divines flammes
Dont tu brûlas pour Dieu.

Cœur tendre, Cœur aimable,
Des pécheurs le secours,
Leur malice exécrable
Te perce tous les jours.

Ah ! puissent nos hommages
Réparer aujourd'hui
Tant de sanglants outrages
Qu'on te fait à l'envi !

Montre-toi notre mère ;
De tes enfants chéris
Reçois l'humble prière,
Pour l'offrir à ton Fils.
Conduis-nous sous ton aile
Jusqu'au Cœur de Jésus :
Une mère peut-elle
Essuyer un refus ?

XXIV

Refr. Je suis l'enfant de Marie,
   Et ma mère chérie
   Me bénit chaque jour.
  Je suis l'enfant de Marie ;
C'est le cri de mon cœur, c'est mon refrain d'amour !

Qu'il est heureux, ô tendre mère,
Celui qui t'a donné son cœur !
Est-il un état sur la terre
Qui puisse égaler son bonheur ?

Et quand le beau soir de ma vie
Apparaîtra devant mes yeux,
De vertus mon âme enrichie
Prendra son essor vers les Cieux.

Quel bonheur pour toi, tendre mère,
De couronner mon front vainqueur !
Pour ton enfant, Vierge si chère,
De te voir toujours quel bonheur !

XXV

Salut, ô Vierge immaculée,
Brillante étoile du matin !
Que l'âme ici-bas exilée
N'a jamais invoquée en vain.
De tes enfants exauce les prières,
Du haut du ciel daigne les protéger ;
Mère bénie entre toutes les mères,
Sois-nous propice à l'heure du danger. } *bis.*

Maintenant, à l'abri du monde,
Notre âme goûte un doux sommeil ;
Mais l'orage, qui déjà gronde,
Lui présage un triste réveil :
Bientôt, hélas ! vers de lointaines terres
Nous voguerons, timides passagers ;
Mère bénie entre toutes les mères,
Sois-nous propice au milieu des dangers. } *bis.*

Veille sur nous, tendre Marie,
Surtout à l'heure du trépas :
Fais qu'en la céleste patrie
Ton Fils nous reçoive en ses bras.

Quand, précédé d'éclairs et de tonnerres,
Avec rigueur il viendra nous juger,
Mère bénie entre toutes les mères,
Sois-nous propice en ce pressant danger. } *bis.*

XXVI

Ave, maris Stella.
Dei Mater alma.
Atque semper virgo ,
Felix cœli porta.

Sumens illud ave
Gabrielis ore.
Funda nos in pace,
Mutans Evæ nomen.

Solve vincla reis,
Profer lumen cœcis,
Mala nostra pelle,
Bona cuncta posce.

Monstra te esse matrem,
Sumat per te preces

Qui pro nobis natus
Tulit esse tuus.

Virgo singularis,
Inter omnes mitis,
Nos culpis solutos
Mites fac et castos.

Vitam præsta puram,
Iter para tutum,
Ut, videntes Jesum,
Semper collætemur.

Sit laus Deo Patri,
Summo Christo decus,
Spiritui Sancto,
Tribus honor unus.
Amen.

CANTIQUE A SAINT JOSEPH

Noble époux de Marie,
Digne objet de nos chants,
Notre cœur t'en supplie,
Veille sur tes enfants !   *quater.*

Le Sauveur de la terre
Reçut tes soins touchants ;
Toi, qu'il nomma son père,
Veille sur tes enfants !   *quater.*

Toi, dont l'obéissance,
En des dangers pressants,
Devient leur Providence,
Veille sur tes enfants !   *quater.*

Ton amour nous rassemble,
Garde-nous innocents,
Nous t'en prions ensemble,
Veille sur tes enfants !   *quater.*

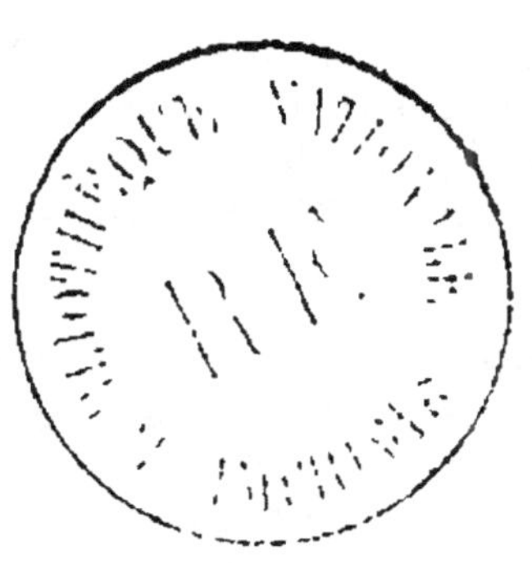

FIN

TABLE

LYON. — IMP. PITRAT AÎNÉ, RUE GENTIL, 4.